44

에오스가 사랑한 아들 멤논

주니어RHK

신화의 가치

신화는 한 민족의 기원이나 역사적 · 종교적 · 문화적 삶의 모습을 보여 주는 옛이야기입니다. 주로 신과 영웅에 관한 이야기가 많고, 오랫동안 입에서 입으로 전해 내려왔다는 특징이 있지요.

우리가 살펴볼 그리스 로마 신화는 고대 그리스와 로마에 전해 오는 신화와 전설을 한데 묶은 것입니다. 그리스 로마 신화는 고대의 삶을 엿보게 해 주는 문화유산일 뿐만 아니라, 세계 여러 나라의 문학과 미술에 큰 영향을 끼쳤습니다. 하지만 문화적 가치만큼이나 중요한 것이 또 있습니다. 오래된 옛이야기이면서도 거기에 담긴 교훈적 가치가 오늘날에도 여전히 쓸모 있고 중요하다는 사실입니다.

놀랍지 않나요? 수천 년 전의 이야기가 어떻게 과학 문명이 고도로 발달한 오늘날에도 통하는 것일까요? 그것은 바로 그리스 로마 신화에 나오는 신과 영웅의 모습이 오늘날 우리의 모습과 다르지 않기 때문입니다. 신들도 우리처럼 분노하고, 질투하고, 실수를 하지요. 그런 모습을 보면서 우리는 깔깔 웃거나 눈물을 흘리고, 교훈과 감동을 얻습니다. 우리가 그리스 로마 신화를 읽어야 하는 까닭이 바로 이것입니다.

신화의 세계로 떠날 여러분에게 한마디 덧붙이자면, 신화는 우리에게 끝없는 상상력을 요구한다는 점입니다. 신화 속에는 수많은 은유와 상징이 곳곳에 널려 있지요. 따라서 신화를 읽을 때에는 상상력을 최대한 발휘하여 신화 속에 숨겨진 의미를 찾고, 그것을 자기 나름대로 재해석하는 과정이 필요합니다. 이렇게 읽었을 때에야 비로소 여러분 앞에 놀라운 삶의 이야기가 펼쳐질 것입니다.

자, 그럼 흥미진진한 신화의 세계 속으로 함께 떠나 볼까요?

새벽의 여신 에오스는 트로이의 왕자 티토노스와 사랑에 빠져

아들 멤논을 낳습니다.

에오스는 사랑하는 아들 멤논을

죽을 수밖에 없는 운명에서 벗어나게 해 주고 싶어 합니다.

하지만 그것은 쉬운 일이 아니었죠.

이들은 어떻게 될까요?

주요 등장인물

제우스

올림포스 신들의 왕이며, 에오스의 부탁으로
티토노스를 올림포스에 머물게 도와주어요.

아르테미스

제우스와 레토의 딸로
아폴론과는 쌍둥이이며
사냥과 활쏘기의 여신이에요.

멤논

에오스와 티토노스의 아들이에요.
나중에 에티오피아의 왕이 되어요.

에오스

티탄 신족인 히페리온과
테이아의 딸로, 새벽의 여신이에요.
아침이 오기 전, 밤의 장막을
거두는 일을 해요.

티토노스

트로이의 왕자로
에오스와 사랑을 나누어요.
에오스가 제우스에게 청해
영원히 죽지 않는 인간이
되어요.

1
늙어 가는 티토노스

'어머나, 이를 어쩐담? 더 늙었잖아.'

에오스는 늙어 가는 티토노스를 보는 것이

괴로웠습니다.

티토노스는 계속 늙어 갔습니다. 얼굴에는 주름이 생기고 머리카락은 하얘졌습니다. 허리는 구부러지고 걸음걸이는 느려졌습니다. 침대에 머무는 시간이 길어졌으며, 이가 빠지고 발음도 점점 알아들을 수 없게 되었습니다.

'어머나, 이를 어쩐담? 더 늙었잖아.'

에오스는 늙어 가는 티토노스를 보는 것이 괴로웠습니다. 시간이 더 흘렀을 때 티토노스가 어떤 모습을 하고 있을지 두려웠고, 그런 상태로 올림포스에서 계속 살 수 있을지도 걱정이었습니다. 인간인 티토노스와 달리 올림포스의 다른 신들은 전혀 늙지 않았으니까요.

에오스는 지난날의 결정을 후회했습니다. 그리고 점점 티토노스의 모습이 보기 싫어졌습니다.

에오스의 얼굴에서 점차 미소가 사라졌습니다. 그러자 에오스가 여는 새벽의 하늘빛이 어딘지 모르게 전보다 덜 아름다웠습니다.

에오스와 늙은 티토노스

〈에오스와 티토노스〉 프란체스코 데 무라

에오스가 님프들의 시중을 받으며 티토노스를 내려다보고 있어요. 젊고 아름다운 에오스와 달리 티토노스는 수염이 덥수룩하고 늙어 보여요.

"에오스, 당신이 날 보는 게 싫다면 나는 다른 방에 가서 조용히 머물겠소."

티토노스가 말했습니다. 에오스는 가슴이 아팠지만 차라리 티토노스를 보지 않는 것이 나을 것 같았습니다. 티토노스는 신전의 구석방으로 가서는 온종일 머물렀습니다.

티토노스도 걱정이 태산 같았습니다.

'아, 어떻게 해야 할까? 이 모습으로 계속 신전 안에 머무를 수는 없어.'

시간이 흐를수록 더 늙을 것을 생각하니 두렵기만 했습니다.

잠시 후 방문이 열리고 누군가 들어왔습니다.

"아, 에오스! 오랜만이구려."

티토노스는 일어서려다 휘청하더니 넘어졌습니다.

"가여운 티토노스, 이젠 눈도 좋지 않은가 보구나."

티토노스를 일으켜 세운 건 에오스가 아니라 아르테미스였습니다.

"아, 아르테미스 님이었군요."

티토노스는 시력도 나빠졌다는 생각에 *서글픔이 밀려왔습니다. 티토노스의 주름진 뺨에 눈물이 흘렀습니다.

*서글픔 쓸쓸하고 외로운 감정.

“아르테미스 님, 저는 어찌해야 할까요?”

“인간인 네가 올림포스에서 살겠다고 했을 때부터 걱정이었어.”

아르테미스는 티토노스의 머리를 쓰다듬어 주었습니다.

“아무리 생각해도 이렇게 살 수는 없을 것 같아요. 인간 세상으로 돌아가는 것이 어떨까 싶어요.”

“이미 시간이 많이 흘렀는데 인간 세상으로 다시 돌아가 잘 살 수 있을까?”

“그래도 저는 돌아가고 싶어요. 제가 돌아갈 수 있도록 도와주세요.”

아르테미스는 마음이 아팠습니다.

“그래, 내가 에오스에게 말해 볼게.”

“고맙습니다. 아르테미스 님.”

티토노스는 아르테미스에게 인사를 했습니다.

2
땅으로 돌아가다

"내가 바로 티토노스다.

그동안 신들과 함께 올림포스 신전에서 살았단다.

이제 이곳에서 편안히 지내고 싶구나."

아르테미스는 에오스를 찾아갔습니다.
"에오스, 티토노스를 계속 그렇게 살게 할 거니?"
"나도 어찌해야 할지 모르겠어. 티토노스 일은 신경 쓰고 싶지 않아."

아르테미스는 티토노스를 만난 이야기를 해 주었습니다.
"티토노스는 인간 세상으로 돌아가고 싶어 해.

저런 모습으로 올림포스에 계속 머무는 것은 무척 괴로울 거야."

에오스는 말없이 생각에 잠겼습니다.

잠시 후, 에오스는 티토노스에게 갔습니다.

"티토노스, 당신은 정말 인간 세상으로 돌아가고 싶나요?"

"그렇소. 당신에게 짐이 되고, 나 또한 이곳에서 혼자만 늙어 갈 수는 없잖소."

"그렇다면 어쩔 수 없군요. 당신이 바란다면……."

에오스는 굳은 얼굴로 대답했습니다.

결국 에오스는 티토노스를 마차에 태워 올림포스를 떠났습니다.

"인간 세계로 돌아간다면 다시는 올림포스로 돌아올 생각일랑 하지 말아요."

에오스는 티토노스에게 당부했습니다.

"물론이오. 나도 이젠 지쳤소."

드디어 발 밑에 인간 세계가 펼쳐졌습니다. 마차는 싱그러운 녹색 벌판과

푸른 강을 지나 트로이의 궁궐로 향했습니다.

이윽고 마차가 멈추었습니다.

티토노스가 에오스에게 납치되었던 바로 그곳이었습니다.

느릿느릿 마차에서 내린 티토노스는 에오스에게 작별 인사를 하려고 몸을 돌렸습니다. 그러나 에오스가 탄 마차는 이미 멀어져 보이지 않았습니다.

그때였습니다.

"넌 누구냐?"

궁궐을 지키는 병사들이 티토노스를 둘러싸고 물었습니다.

"나는 이 나라의 왕자, 티토노스다. 나를 왕에게 안내해라."

병사들은 고개를 갸웃거렸습니다.

"티토노스라고? 그게 누구지?"

그들은 티토노스를 프리아모스 왕에게 데려갔습니다. 프리아모스 왕은 티토노스의 동생인데, 새로운 왕이 되어 있었습니다.

프리아모스 왕은 믿지 못하겠다는 눈으로 티토노스를 바라보았습니다.

"당신이 나의 형 티토노스라는 것을 어떻게 증명한단 말이오? 티토노스는 수십 년 전 어느 날 갑자기 사라진 뒤로 나타나지 않았는데……."

“내가 바로 티토노스다. 그동안 신들과 함께 올림포스 신전에서 살았단다. 수십 년 동안 그곳에서 홀로 외롭게 지냈다. 이제 이곳에서 편안히 지내고 싶구나.”

티토노스의 주름진 눈가에 눈물이 흘렀습니다. 그러나 프리아모스 왕은 얼굴이 굳어졌습니다.

"뭐라고? 저자는 미친 것이 분명하다. 여기가 어디라고 나타나 내 형 *행세를 한단 말이냐! 여봐라, 당장 저자를 내쫓아라!"

티토노스는 열심히 설명하려 했지만, 모두 비웃을 뿐이었습니다. 병사들은 티토노스를 끌고 나가 성문 밖으로 내동댕이쳤습니다.

쓰러진 티토노스는 힘겹게 몸을 일으켰습니다.

"이, 이럴 수가……."

*행세 어떤 특정 사람이 아님에도 자신이 그 사람인 것처럼 행동함.

티토노스는 자기를 알아보는 이가 아무도 없는 인간 세상에서 갈 곳이 없다는 것을 깨달았습니다.

'아, 이렇게 살 바에야 차라리 죽는 것이 낫겠구나! 죽을 수 있는 인간들이 부럽다.'

티토노스는 지친 몸을 이끌고 발길 닿는 대로 걸었습니다.

어느덧 밤이 지나고 컴컴한 밤하늘이 희미하게 밝아왔습니다. 에오스가 일을 하러 나온 것이었습니다.

"에오스, 에오스! 나를 데려가 주오."

티토노스는 에오스의 마차를 발견하고 뒤쫓으며 외쳤습니다.

그러나 에오스는 그 소리를 듣지 못하고 어둠을 걷어내느라 바빴습니다. 티토노스는 비틀비틀 마차를 쫓으며 한참을 더 외쳤습니다.

마침내 에오스는 티토노스를 알아보고 마차에 태웠습니다.

"티토노스, 분명히 나를 다시 찾지 말라고 했는데요."

에오스의 목소리는 쌀쌀맞았습니다.

"미안해요, 에오스. 내려와 보니 나는 인간 세상에서도 살 수가 없구려. 올림포스에서 있는 듯 없는 듯 조용히 지낼 테니, 다시 나를 데려가 주구려."

에오스는 마음이 아팠습니다.

3
아들 멤논

"나에게 저지른 실수를 멤논에게는 되풀이하지 마시오.
멤논은 신이 아니오. 인간이란 말이오.
인간은 때가 되면 죽어야 하오."

올림포스로 돌아온 티토노스는 혼자만 늙은 모습으로 쓸쓸히 지냈습니다. 그런데 그곳에서 티토노스만이 *유일한 인간은 아니었습니다. 티토노스와 에오스 사이에서 태어난 아들, 멤논이 있었습니다.

'에오스는 멤논에게도 영원한 생명을 주고 싶겠지? 안 돼!'

티토노스는 멤논이 자신처럼 죽지 못하는 인간이 될까 봐 걱정

*유일한 오직 하나밖에 없는.

스러웠습니다. 그래서 에오스에게 말했습니다.

“나에게 저지른 실수를 멤논에게는 되풀이하지 마시오. 멤논은 신이 아니오. 인간이란 말이오. 인간은 때가 되면 죽어야 하오.”

하지만 에오스는 딱 잘라 말했습니다.

“당신에게 한 실수는 하지 않을 거예요. 멤논은 영원히 늙지 않고 죽지도 않게 만들 거예요.”

“그건 어리석은 생각이오.”

티토노스의 걱정은 날이 갈수록 커졌습니다. 에오스가 멤논을 사랑하는 모습을 볼 때마다 더욱 그러했습니다.

'멤논은 반드시 인간으로 살게 해야 해.'

티토노스는 멤논이 인간의 자식으로 태어났으니 신이 될 수는 없다고 생각했습니다.

'멤논이 신들의 세계에서 계속 살았다가는 결코 행복해질 수 없을 거야.'

생각 끝에 티토노스는 아르테미스를 찾아갔습니다.

"아르테미스 님, 제발 이 아이는 인간으로 살게 도와주십시오."

“네가 무슨 말을 하는지 잘 알겠어. 나도 에오스가 *억지를 부리고 있다고 생각하거든.”

아르테미스는 티토노스와 멤논을 데리고 제우스에게 갔습니다.

*억지 잘 안될 일을 무리하게 기어이 해내려는 고집.

"제우스 님, 이 아이를 보십시오. 에오스와 티토노스의 아들 멤논입니다. 에오스는 이 아이를 무척이나 사랑합니다. 아마 앞으로도 계속 올림포스에 머무르게 할 것입니다. 하지만 그럴 경우 분명 불행해질 것입니다. 티토노스를 보십시오. 멤논을 인간 세상으로 데려다 주라고 에오스를 설득해 주십시오."

제우스는 머리를 끄덕였습니다. 그동안 제우스도 늙어 가는 티토노스를 보는 것이 안타까웠습니다.

아르테미스는 에오스를 찾아가 설득했습니다.

"에오스, 제우스 님도 멤논은 인간으로 살아야 한다고 하셨어.

이제 그만 고집부리렴. 티토노스를 봐. 그의 외모만 보고 사랑에 빠져 억지를 부리더니, 결국 티토노스를 불행하게 만들었잖아."

"나도 티토노스를 보면 괴로워. 하지만 멤논 없이 산다는 것은 생각만 해도 견딜 수 없어."

에오스는 딱 잘라 말하고 아르테미스에게서 몸을 돌렸습니다.

티토노스의 시름은 더욱 깊어졌습니다.

4
티토노스의 부탁

"티토노스, 설마 날 못 알아보는 거예요?"

에오스의 목소리가 떨렸습니다.

티토노스는 멍한 눈길로 똑같은 말만 되풀이했습니다.

이제 티토노스는 움직일 수조차 없을 만큼 쇠약해졌습니다. 침대에서 일어나지도 못한 채 에오스와 함께했던 행복한 시간을 떠올렸습니다.

'아아, 그 얼마나 짧은 순간이었던가. 나는 왜 신이 되려고 했을까. 불쌍한 내 아들, 그리고 사랑하는 에오스, 에오스…….'

아무도 찾아오지 않는 방에 쓸쓸히 누워 괴로워하는 티토노스를 보고, 아르테미스는 마음이 아팠습니다.

'못된 에오스, 그렇게까지 말했는데. 안 되겠군.'

아르테미스는 에오스에게 갔습니다.

“에오스, 넌 티토노스에겐 관심도 없는 거니?”

에오스는 눈길도 주지 않고 말했습니다.

“난 멤논을 돌보기에도 바빠. 티토노스도 혼자 지내는 데 익숙해졌을 거야.”

“뭐라고? 에오스! 당장 티토노스에게 가 봐!”

에오스는 어쩔 수 없이 티토노스의 방으로 갔습니다. 침대에 누운 채 꼼짝도 못하는 티토노스의 모습을 보고 에오스는 놀랐습니다. 티토노스는 누가 왔는지 알아보지도 못했습니다.

"티토노스, 설마 날 못 알아보는 거예요?"

에오스의 목소리가 떨렸습니다. 티토노스는 멍한 눈길로 똑같은 말만 되풀이했습니다.

"에오스, 에오스, 에오스……."

"그래요, 내가 에오스라고요!"

에오스는 티토노스가 자신과 눈이라도 마주치길 바라며 외쳤지만, 티토노스는 이제 그 눈마저 감고 알아듣기 힘든 목소리로 중얼거렸습니다.

에오스의 눈에 눈물이 맺혔습니다.

한때 에오스는 티토노스를 열렬히 사랑했습니다. 그래서 올림포스로 데려와 영원히 죽지 않도록 만들었습니다. 하지만 티토노스는 이제 에오스를 알아보지도 못했습니다. 에오스는 하염없이 눈물을 흘렸습니다.

그때 티토노스가 감았던 눈을 떴습니다. 그러더니 마침내 에오스를 알아보았습니다.

"에오스, 이런 실수를 더는 되풀이하지 않길 바라오."

그것이 티토노스의 마지막 말이었습니다. 에오스의 눈물이 티토노스의 야윈 뺨에 방울방울 떨어지자, 티토노스의 몸이 점점

작아졌습니다.

티토노스는 얇은 날개를 지닌 매미가 되었습니다. 매미는 날개를 비비며 울었는데, 그 소리가 '에오스'라고 되풀이해 부르는 것처럼 들렸습니다.

"티토노스, 미안해요."

에오스는 슬프게 중얼거렸습니다.

"멤논을 인간으로 살아가게 해야 한다는 것이 티토노스의 뜻이었어. 멤논이 올림포스에 계속 머문다면 언젠가는 티토노스처럼 될 테니까."

에오스는 결국 멤논을 인간 세상으로 보내기로 마음먹었습니다.

아들을 마차에 태운 에오스는 마차를 몰 힘도 없었습니다.

"에오스, 너무 슬퍼하지 마. 멤논은 인간 세상에서 훌륭하게 자랄 거야."

다른 신들이 다가와 위로했습니다.

"에오스, 네가 슬퍼하니까 세상이 다 어두워지는 것 같아."

“이제 기운을 내, 에오스. 네 곁에는 아르테미스도 있고 우리도 있잖아.”

에오스는 힘겹게 마차를 출발시켰습니다. 그리고 있는 힘을 다해 새벽을 열었습니다.

"그래 멤논, 엄마가 언제나 하늘에서 지켜보고 있을게. 건강하게 자라야 한다."

에오스는 멤논의 얼굴을 보며 티토노스의 마지막 얼굴을 떠올렸습니다. 티토노스처럼 외롭고 힘든 나날을 보내지 않기를 기도하며, 멤논을 인간 세상에 내려놓았습니다.

5
아침 이슬

"더 이상 새벽을 열지 않을 테야."

에오스가 힘을 잃고 일을 하러 나가지 않자,

세상에는 새벽이 오지 않았습니다.

멤논은 인간 세상에서 건강하게 자랐습니다. 그리고 에티오피아의 왕이 되어 나라를 평화롭게 다스렸습니다.

그런데 트로이와 그리스가 맞붙은 트로이 전쟁이 일어났습니다. 멤논은 아버지가 트로이의 왕자였기 때문에 트로이 편을 들었습니다.

에오스는 그런 멤논이 걱정되었습니다.

"멤논, 혹시라도 전쟁에 끼어들어서는 안 된다."

"어머니, 걱정 마세요."

트로이 전쟁은 십 년이 지나도록 끝나지 않았습니다. 어느 날 트로이의 총사령관이자 멤논의 사촌 헥토르가 죽었다는 소식이

들려왔습니다.

"뭐라고? 헥토르가 죽었다고?"

분노한 멤논은 전쟁에 뛰어들어 싸웠습니다. 하지만 그러던 중에 그리스의 장군 아킬레우스의 공격을 받고 세상을 떠나고 말았습니다.

트로이 전쟁

트로이의 왕자 파리스가 스파르타의 왕비인 헬레네를 납치하면서 연합군과 트로이 사이에 벌어진 전쟁이에요. 신과 인간 사이에서 태어난 수많은 전사들이 이 전쟁에서 맞붙었습니다. 트로이 전쟁은 십 년 동안이나 계속되면서 숱한 이야기를 남겼습니다. 인류 역사에서 가장 오래된 문학 작품 중 하나로 꼽히는 《일리아스》와 《오디세이아》는 바로 트로이 전쟁에 관련된 이야기입니다.

"안 돼, 멤논!"

그 소식을 들은 에오스는 기절했습니다. 그리고 깨어나면 울다가 또 기절했습니다. 에오스는 먹지도 않고, 누구를 만나지도 않았습니다.

"더 이상 새벽을 열지 않을 테야."

에오스가 힘을 잃고 일을 하러 나가지 않자, 세상에는 새벽이 오지 않았습니다. 새벽이 오지 않으니 헬리오스도 태양 마차를 몰 수 없었습니다.

헬리오스가 여동생 에오스를 찾아왔습니다.

"에오스, 얼마나 가슴이 아프니!"

에오스는 헬리오스 품에 안겨 울었습니다. 헬리오스도 눈물을 흘렸습니다. 그리하여 세상은 어둠에 휩싸였습니다. 사람들은 걱정이 되어 캄캄한 하늘만 쳐다보았습니다.

낮이 오지 않자 세상은 온통 난리가 났습니다. 사람들은 집에서 나오지 못하고 추위에 떨었습니다. 풀과 나무가 시들고, 짐승들도 굶주림 때문에 죽었습니다.

멤논을 안고 슬퍼하는 에오스

〈에오스와 멤논〉 두리스, 칼리아데스

칼리아데스가 만든 도자기에 두리스가 그림을 그려 넣었어요. 죽은 아들을 안고 슬퍼하는 에오스의 모습이 담겨 있어요. 죽은 예수를 안고 슬퍼하는 성모 마리아의 모습을 일컫는 '피에타'와 닮아서, 이 도자기 그림은 '멤논 피에타'라고도 불린답니다.

이렇게 되자 제우스가 나섰습니다.

"에오스, 어떻게 된 거냐? 너의 슬픔이 얼마나 큰지 잘 안다. 하지만 그렇다고 신으로서 해야 할 일을 저버려서는 안 된다."

옆에서 아르테미스도 말했습니다.

"에오스, 언제까지 이러고 있을 거니? 이제 그만 일어나서 일을 해야지."

제우스는 단호한 목소리로 말했습니다.

"그 아이는 인간으로 태어났다. 인간으로 태어났으면 인간의 삶을 살아야 하는 것이 그 아이의 운명이다."

그리고 에오스에게 신으로서 해야 할 일을 일깨워 주었습니다.

"너는 신이야. 신으로서 네가 맡은 일은 세상의 모든 생명이 살아갈 힘을 주는 거란다. 잊지 말거라."

에오스는 일어나 눈물을 닦았습니다. 그리고 마차를 몰고 나가 새벽을 열었습니다. 세상의 어둠이 걷히고, 사람들과 땅 위의 모든 생명이 고개를 들었습니다.

"에오스 님이 드디어 슬픔을 이기고 나오셨구나."

사람들은 비로소 마음을 놓았습니다. 그 뒤로 사람들은 새벽하늘을 보며 에오스의 기분을 점치는 버릇이 생겼습니다.

하지만 그렇다고 에오스의 아픈 마음이 완전히 나은 것은 아니었습니다. 인간 세상을 내려다보면 사랑하는 아들의 모습이 아른거렸기 때문이지요.

그럴 때마다 에오스의 눈에서 눈물이 방울져 떨어졌습니다. 인간 세상에 떨어진 눈물은 땅을 적시고, 나무를 적시고, 풀잎 위에 맺혔습니다.

그래서 새벽이면 나뭇잎과 풀잎 위에 방울방울 맺힌 에오스의 눈물을 볼 수 있답니다. 헬리오스가 나타나 눈물 자국을 지울 때까지 말이에요.

신화 OLYMPUS GUARDIAN 뒷이야기

인간의 삶은 죽음으로 끝이 납니다. 인간이라면 누구나 언젠가는 죽는다는 것을 알기에 사람들은 죽음을 두려워합니다. 늙지도 죽지도 않고 영원히 살고 싶었던 인간들이 상상해 낸 것이 바로 신화에 나오는 신들입니다.

시간이 흐르면 늙고 병들게 마련인 인간에게 죽음이 없다면 어찌될까요? 티토노스 이야기는 태어나서 성장하는 인간은 죽음도 받아들여야 한다고 말합니다. 이 이야기는 어쩌면 죽음의 두려움을 이겨 내기 위해 만든 이야기가 아닐까요? 행복하게 살려면 건강해야 한다는 이야기일 수도 있습니다.

과학이 발달하지 않은 아주 옛날에 살던 사람들은 궁금한 것이 많았습니다. "왜 아프리카의 어떤 사람들은 살갗이 까말까?" 하는 궁금증에서부터 "왜 아침마다 풀잎에는 이슬이 맺혀 있을까?", "매미는 왜 똑같은 소리로 울어 댈까?" 하는 것들이었지요.

이러한 궁금증에 대한 해답이 신화 속에 신화의 방식으로 설명되어 있습니다. 에오스의 아들 멤논은 헬리오스의 마차에 타 보고 싶어 조르다 허락을 받은 적이 있습니다. 그런데 태양 마차가 뜨거워 얼굴이 까맣게 그을리고, 나중에 인간 세상에 내려와 에티오피아 사람들의 조상이 되었다고 합니다. 또 에오스는 죽은 아들이 그리워 눈물을 흘리고, 그 눈물은 땅에 이슬로 맺히지요.

과학이 발달하고 지식이 쌓이면서 신화는 그저 재미난 이야기 취급을 받지만, 아직도 우리의 언어 속에, 생각 속에, 문화 속에 생생하게 살아 있습니다.

올림포스 신들의 계보

크로노스 + 레아
하데스
지하 세계의 왕
포세이돈
바다의 신
제우스
신들의 왕
헤라
신들의 여왕,
제우스의 아내
헤스티아
난로 · 불의 여신
데메테르
대지의 여신
아테나
지혜 · 전쟁의 여신
제우스 + 메티스
아폴론
의술 · 음악의 신
제우스 + 레토
아르테미스
사냥 · 순결의 여신
아스클레피오스
의술의 신
아레스
전쟁의 신
제우스 + 헤라
헤파이스토스
대장간의 신
제우스 + 디오네
아프로디테
헤파이스토스의 아내,
미의 여신
에로스
사랑의 신
헤르메스
신들의 전령,
상업의 신
제우스 + 마이아
디오니소스
술의 신
제우스 + 세멜레
페르세포네
하데스의 아내
지하 세계의 여왕
제우스 + 데메테르

⚜ 그리스 로마 신화 주요 인물의 이름 ⚜

그리스 어	로마 어	영어
가이아	텔루스	
니케	빅토리아	나이키, 빅토리
데메테르	케레스	세레스
디오니소스	바쿠스	바커스
레아	키벨레	시벨레
아레스	마르스	마스
아르테미스	디아나	다이애나
아테나	아테네, 미네르바	
아폴론	아폴로	아폴로
아프로디테	베누스	비너스
에로스	쿠피드, 아모르	큐피드
오디세우스	울릭세스	율리시스
우라노스	카일루스	유러너스
제우스	유피테르	주피터
크로노스	사투르누스	새턴
페르세포네	프로세르피나	
포세이돈	넵투누스	넵튠
하데스	플루톤	플루토
헤라	유노	주노
헤라클레스	헤르쿨레스	허큘리스
헤르메스	메르쿠리우스	머큐리
헤스티아	베스타	
헤파이스토스	불카누스	벌컨

그리스 로마 신화 올림포스 가디언 44

에오스가 사랑한 아들 멤논

펴낸이 양원석
펴낸곳 (주)알에이치코리아
등록 2004년 1월 15일 제2-3726호
주소 서울특별시 금천구 가산디지털2로 53, 20층 (한라시그마밸리)
문의전화 02)6443-8800

ISBN 978-89-255-4404-5(74800)
ISBN 978-89-255-4354-3(세트)

값 **12,800원**

원작 만화로 보는 그리스 로마 신화(가나출판사)
이광진 엮음, 홍은영 그림
명화 구입처 유로크레온(주)